Dieses Buch gehört:

....

BACKEN MIT TEE

- eine Liebesgeschichte -

TEE

die etwas andere Backzutat

Backen mit Tee? Ja, Sie haben richtig gehört. In diesem Backbuch nehme ich Sie mit auf eine abwechslungsreiche Reise und bringe Ihnen die Geheimnisse und die wundervolle Welt des Backens mit Tee näher. Ob Früchtetee, Matcha, Earl Grey, Kräutertee oder Chai – mit Tee bekommen Kuchen, Torten und Co. im Handumdrehen ein wunderbares Aroma und er verfeinert den Geschmack. Lassen Sie sich von insgesamt 35 köstlichen, süßen Kreationen begeistern. Mal fruchtig, mal mit Kräutern oder mit gesundem Grüntee, in Kombination mit Schokolade oder Frischkäse, mal klassisch, mal verrückt und ausgefallen. Für laue Sommernächte, für kalte Wintertage, für den besonderen Anlass oder für den sonntäglichen Nachmittagstee mit der Familie – es ist wirklich für jeden etwas dabei. Tee zaubert eine ganz neue aufregende Geschmacksnote in ihre süßen Köstlichkeiten. Aber überzeugen Sie sich doch einfach selbst!

INHALT

53 Backen mit Matcha-Tee

67 Backen mit Chai-Tee

81 Backen mit Tee-Kombinationen

Geschichte des Tees

Einer chinesischen Legende zufolge begann die Geschichte des Tees bereits 2737 vor Christi Geburt. An einem Frühlingsabend kochte der chinesische Kaiser Shen Nung gerade unter einem Baum Wasser ab, um seinen Durst zu stillen, als ein leichter Wind ein paar Blätter des Baumes ins Wasser wehte. Das Wasser verfärbte sich anschließend und ein angenehmes Aroma breitete sich aus. Der Kaiser probierte das Getränk und er fühlte sich erfrischt und lebendig. Somit war der Tee ‚geboren' und er wurde anschließend das beliebteste Getränk im ‚Reich der Mitte'.

Der Teebeutel wurde übrigens rein zufällig im Jahr 1908 erfunden. Um Teeproben an seine Kunden zu versenden, füllte der Teehändler Thomas Sullivan den Tee in kleine Seidenbeutel. Seine Kunden nutzten die kleinen Beutel dazu, sie ganz in das Wasser einzutauchen, in dem Glauben, dass Sullivan dies so vorgesehen hatte.

Kochen, Backen & Würzen

In der Gastronomie hat man Tee als spezielle Zutat schon seit Längerem auf dem Zettel. Egal ob für erfrischende Getränke, köstliche Suppen oder auch für leckere Desserts – mit Tee lassen sich viele wundervolle Speisen kreieren oder verfeinern.

Tee liefert den speziellen Aromakick für Kuchen, Torten und Co.: Earl Grey, Chai, Matcha oder klassische Früchte- und Kräutertees eignen sich allesamt als exquisite Backzutat. Beim Backen mit Tee sind der Fantasie (fast) keine Grenzen gesetzt. Neben einzigartigen Geschmackskombinationen verleiht der Tee, je nach verwendeter Sorte und Zubereitungsart, dem Kuchen eine tolle Farbe und sorgt zusätzlich für einen besonders saftigen Teig.

Vor allem die sehr populäre Grüntee-Art Matcha eignet sich hervorragend zum Backen. Das fein geriebene Pulver aus grünen Teeblättern gibt süßen Backwerken nicht nur einen tollen Geschmack, sondern verleiht ihnen auch eine knallige grüne Farbe.

Während sich Matcha-Tee eher für sommerliche Kreationen eignet, passt Chai-Tee zu herbstlichen-bzw. winterlichen Torten, Kuchen und Co.

BACKTECHNIKEN MIT TEE

Pulver

In Pulverform bekommt man vor allem Matcha. Aber auch Chai kann man bereits pulverisiert kaufen. Das Pulver kann, je nach Anwendungsfall, ganz einfach in den Teig oder in die Creme untergerührt werden. Zusätzlich kann es aber auch hervorragend zur Dekoration von Kuchen, Torten und Co. verwendet werden, damit das ‚Grün' noch intensiver zur Geltung kommt.

Teebeutel/loser Tee

Der klassische Schwarz-, Früchte- oder Kräuterteebeutel wird ganz einfach aufgeschnitten und der Inhalt wird direkt in das Backwerk gegeben. Auch Chai gibt es in Teebeutelform zu kaufen. Hier können die zerkleinerten Teeblätter und Gewürze unter den Teig oder die Creme gerührt werden.

Aufguss

Der fertige Teeaufguss (Schwarztee, Früchtetee, Kräutertee, Chai-Tee) wird meist vorab für den Teig oder die Creme verwendet, kann aber auch für ein paar ausgewählte Rezepte über den bereits fertig gebackenen Kuchen gegossen werden.

Sirup

Mit einem Teeaufguss lässt sich ganz einfach ein Sirup herstellen, um Cremes und Frostings zu süßen oder zu aromatisieren.
Für den Sirup verwendet man Wasser, Zucker und einen Teebeutel bzw. dessen Inhalt. Durch das Einkochen der Flüssigkeit entsteht ein dickflüssiger Sirup.

Grundrezept Sirup: 1 Teil Wasser, 1 Teil Zucker. Je mehr Zucker man verwendet, desto dickflüssiger wird der Sirup.

Den Zucker in kochendem Wasser auflösen. Tee einrühren und 30 Minuten ziehen lassen. Danach den Sirup durch ein feines Sieb gießen und sofort verwenden oder in Flaschen abfüllen.

Die Intensität des Teegeschmacks ist bei jedem Rezept nach eigenem Geschmack variierbar. Für einen intensiveren Teegeschmack können Sie einfach die Menge erhöhen bzw. nach Wunsch auch reduzieren. Finden Sie einfach selbst heraus, was Ihnen am besten schmeckt.

Egal für welches Rezept Sie sich entscheiden, Sie werden vom Ergebnis und vom Geschmack begeistert sein.

Backen mit EARL GREY

Earl Grey ist die Bezeichnung für eine Teemischung, die aus schwarzem Tee besteht. Sie wird üblicherweise mit dem Öl der Bergamotte-Frucht leicht aromatisiert. Bergamotte ist eine Zitruspflanze, die aber nicht als Obst sondern hauptsächlich wegen ihrer intensiven Duftstoffe verwendet wird. Auf diese Weise duftet der Tee nach Zitrus oder Orange.

Der Earl-Grey-Tee erlangte bereits im 19. Jahrhundert große Popularität und ist bis heute ein Klassiker unter den Schwarzen Tees. Seinen Namen verdankt er tatsächlich einem Earl, nämlich Sir Charles Grey, der, wie könnte es anders sein, natürlich aus England stammte.

Schwarztee sollte immer mit kochendem Wasser überbrüht werden. Nach 3–5 Minuten hat der Tee sein Aroma perfekt entfaltet. Je länger der Tee zieht, desto beruhigender wirkt er, jedoch lassen diese Gerbstoffe den Tee auch bitter werden. Den Earl Grey daher nicht länger als fünf Minuten ziehen lassen.

EARL-GREY-SCHOKOLADENTORTE
mit Frischkäsecreme

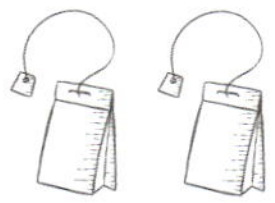

Zutaten

FÜR EINE Ø 26 cm SPRINGFORM

FÜR DEN TEIG:
- 4 Teebeutel Earl Grey
- 100 ml nicht mehr kochendes Wasser
- 100 g weiche Butter
- 250 g Zucker
- 3 Eier
- 120 g Zartbitterschokolade
- 250 g Mehl
- 1 Pkg. Backpulver

FÜR DIE FRISCHKÄSESCHICHT:
- 50 ml Wasser
- 1 Teebeutel Earl Grey
- 100 g Puderzucker
- 250 g Frischkäse

FÜR DIE GLASUR:
- 150 g Zartbitterschokolade
- 100 g Sahne
- 3 TL Honig

1. Für den Teig die Teebeutel mit dem nicht mehr kochenden Wasser übergießen und fünf Minuten ziehen und dann abkühlen lassen. Die Teebeutel ausdrücken und entfernen.

2. Den Ofen auf 180 °C Umluft vorheizen. Eine Springform mit Butter ausfetten und mit Mehl bestäuben.

3. Die Butter mit dem Zucker schaumig rühren. Eier einzeln dazugeben und unterrühren. Schokolade über einem Wasserbad schmelzen und unter den Teig mengen. Mehl und Backpulver abwechselnd mit dem Tee in den Teig rühren. Den Teig in die Springform geben und 45–50 Minuten backen. Die Torte vollkommen auskühlen lassen.

4. Für die Earl-Grey-Frischkäseschicht das Wasser in einer kleinen Pfanne zum Kochen bringen. Den Teebeutel dazugeben und 5 Minuten ziehen lassen. Teebeutel ausdrücken und entfernen. Nun den Zucker zum Tee geben und für 5 Minuten kochen lassen bis ein Sirup entsteht. Den Sirup 10 Minuten abkühlen lassen, zum Frischkäse geben und alle Zutaten gut miteinander vermengen.

5. Die Torte horizontal halbieren, die untere Hälfte mit der Frischkäsecreme bestreichen und den oberen Teil daraufsetzen.

6. Für die Schokoladenglasur die Schokolade gemeinsam mit der Sahne und dem Honig vorsichtig und unter ständigem Rühren über dem heißen Wasserbad schmelzen lassen. Die Torte damit einstreichen.

EARL-GREY-GUGELHUPF
mit Schokoladenglasur

Zutaten

FÜR EINE Ø 24 cm GUGELHUPFFORM

FÜR DEN TEIG:

- 3 Teebeutel Earl Grey
- 125 ml nicht mehr kochendes Wasser
- 250 g weiche Butter
- 200 g Zucker
- 1 TL Zimt
- 1 Prise Salz
- 4 Eier
- 200 g Mehl
- 2 EL Kakaopulver
- 1 Pkg. Backpulver
- 50 g gemahlene Mandeln

FÜR DIE SCHOKOLADENGLASUR:

- 50 ml Wasser
- 1 Teebeutel Earl Grey
- 100 g Zartbitterkuvertüre
- 150 g Sahne
- 1 EL Honig

FÜR DIE DEKORATION:

- 15 g gestiftete Mandeln
- 10 g Mandelblättchen

1. Für den Teig die Teebeutel mit dem nicht mehr kochenden Wasser übergießen und 5 Minuten ziehen lassen, danach herausnehmen und gut ausdrücken.

2. Den Backofen auf 160 °C Umluft vorheizen.

3. Butter, Zucker, Zimt und Salz etwa 5 Minuten cremig rühren. Die Eier nacheinander jeweils gut unterrühren. Mehl, Kakaopulver und Backpulver vermischen und mit den gemahlenen Mandeln und dem Tee unter die Buttermischung rühren.

4. Den Teig in eine ausgefettete und mit Mehl ausgestäubte Gugelhupfform geben. Im vorgeheizten Backofen etwa 45 Minuten backen.

5. Den Kuchen 10 Minuten in der Form abkühlen lassen. Dann aus der Form stürzen und vollständig auskühlen lassen.

6. Währenddessen die Schokoladenglasur vorbereiten. Dafür das Wasser aufkochen und den Tee 5 Minuten darin ziehen lassen. Den Teebeutel herausnehmen und gut ausdrücken. Die Kuvertüre gemeinsam mit der Sahne und dem Honig in einem Topf bei mittlerer Hitze erwärmen. Dabei ständig umrühren bis sich alles aufgelöst und verbunden hat. Nun den Earl Grey in die Schokoladenglasur geben, gut verrühren und über dem Kuchen verteilen.

7. Gestiftete Mandeln in einer Pfanne unter ständigem Wenden anrösten und gemeinsam mit den Mandelblättchen auf dem Gugelhupf verteilen.

EARL-GREY-KUCHEN
mit Walnuss-Kokos-Streuseln

Zutaten

FÜR EINE KASTENFORM (31 x 12 cm)

FÜR DEN TEIG:
- 100 ml Milch
- 3 Teebeutel Earl Grey
- 150 g Zucker
- 150 g weiche Butter
- 3 Eier
- 130 g Mehl
- 1 Pkg. Backpulver
- 1 Prise Salz
- 30 g geriebene Walnüsse

FÜR DIE STREUSEL:
- 20 g Butter
- 30 g Kokosflocken
- 25 g geriebene Walnüsse
- 15 g Zucker
- 2 EL Mehl

1. In einem Topf die Milch etwas erhitzen (nicht kochen). Die Teebeutel für ca. 4 Minuten darin ziehen lassen, danach ausdrücken und entfernen.

2. Für die Streusel Butter, Kokosflocken, Walnüsse, Zucker und Mehl in einer kleinen Schüssel vermischen und zur Seite stellen.

3. Den Ofen auf 170 °C Umluft vorheizen, eine Kastenform ausfetten und mit Mehl bestäuben.

4. Zucker, Butter und Eier mit der Mischung aus Tee und Milch verrühren. In einer anderen Schüssel Mehl, Backpulver, Salz und Walnüsse vermengen. Die trockenen Zutaten nun zu den nassen Zutaten geben und so lange rühren, bis sich ein glatter Teig gebildet hat.

5. Den Teig in die Form geben und die Streusel darauf verteilen. Für 50–55 Minuten backen. Den Kuchen auskühlen lassen und mit Walnüssen oder etwas Puderzucker dekorieren.

TIPP: *Der Kuchen schmeckt besonders gut zu einer Tasse Earl Grey oder einem Chai-Latte.*

EARL-GREY-CANTUCCINI
mit Mandeln

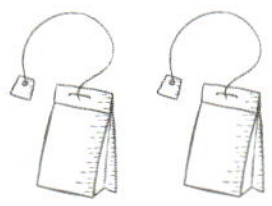

Zutaten

FÜR CA. 35 STÜCK

- 200 g ganze Mandeln
- 180 g Weizenmehl
- 150 g Zucker
- ½ TL Backpulver
- 2 Eier
- 1 Teebeutel Earl Grey

1. Etwa die Hälfte der Mandeln grob hacken und zur Seite stellen. Den Backofen auf 180 °C Ober-/Unterhitze vorheizen.

2. Mehl, Zucker, Backpulver sowie die ganzen und gehackten Mandeln vorab in einer Schüssel vermengen. Die Eier in einer zweiten Schüssel verquirlen, dann zum Mehl-Mandel-Gemisch dazugeben und gut verkneten. Einen Teebeutel Earl Grey aufschneiden und den Inhalt unter den Teig mischen.

3. Den Teig nun zu zwei 3–5 cm dicken Teigrollen formen und auf ein mit Backpapier ausgelegtes Backblech legen. Mit ein wenig Zucker bestreuen und etwa 15 Minuten im Ofen vorbacken.

4. Die Teigrollen aus dem Ofen nehmen und sofort mit einem scharfen Messer schräg in Scheiben schneiden. Vorsichtig auf zwei mit Backpapier ausgelegte Backbleche legen und bei 150 °C nacheinander nochmals 20–30 Minuten knusprig backen.

TIPP: *Bei luftdichter Lagerung halten die Cantuccini mehrere Wochen.*

EARL-GREY-SCHOKOKÜCHLEIN IM GLAS
mit Schoko-Topping

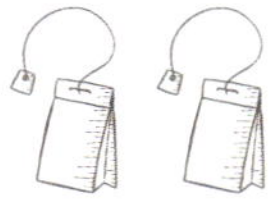

Zutaten

ZUTATEN FÜR CA. 6 GLÄSER (VOLUMEN 290 ml)

FÜR DEN TEIG:
- 80 g Blockschokolade
- 75 g weiche Butter
- 150 ml Milch
- 3 Teebeutel Earl Grey
- 3 Eier
- 110 g Zucker
- 1 Prise Salz
- 180 g Mehl
- 10 g Kakao
- 1 Pkg. Backpulver

FÜR DEN GUSS:
- 2 Teebeutel Earl Grey
- 75 ml nicht mehr kochendes Wasser

FÜR DIE GANACHE:
- 150 g Zartbitterschokolade
- 200 g Sahne

1. Für die Ganache die Schokolade in Stücke brechen, die Sahne in einem Topf aufkochen und anschließend den Topf vom Herd ziehen. Die Schokolade dazugeben und so lange gründlich verrühren, bis sich alle Stücke aufgelöst haben. Die Ganache anschließend über Nacht im Kühlschrank auskühlen lassen.
2. Den Backofen auf 160 °C Umluft vorheizen, die feuerfesten Gläser mit Öl einpinseln und dünn mit Kakaopulver bestäuben.
3. Für den Teig die Butter in einem Topf leicht erwärmen, die Schokolade hinzufügen und bei niedriger Hitze schmelzen lassen.
4. In einem separaten Topf die Milch kurz aufkochen, vom Herd nehmen und den Earl Grey ca. 4 Minuten ziehen lassen.
5. Die Eier trennen. Das Eiweiß mit 2 El Zucker und dem Salz steif schlagen. Das Eigelb mit dem restlichen Zucker vermengen und die geschmolzene Schokolade unterrühren. Mehl, Kakao und Backpulver miteinander vermischen. Die Earl-Grey-Milch abwechselnd mit dem Mehl-Backpulver-Kakao-Gemisch zur Schokolade geben. Zum Schluss den Eischnee vorsichtig unterheben und die Gläser zu zwei Dritteln mit dem Teig befüllen. Auf dem Rost im Backofen ca. 20 Minuten backen.
6. Die gekühlte Ganache so lange aufschlagen, bis sie hell und luftig ist. Sie darf aber auch nicht zu lange geschlagen werden, sonst flockt die Sahne aus.
7. Die Gläser aus dem Ofen nehmen und etwas abkühlen lassen. Währenddessen für den Guss den Tee überbrühen und 4 Minuten ziehen lassen. Den Tee mit einem Esslöffel auf die Gläser verteilen. Danach die Ganache mit der Spritztülle aufspritzen.

TIPP: *Die Küchlein können auch aus dem Glas genommen, waagerecht in der Mitte ein bis zweimal durchgeschnitten und anschließend mit Ganache befüllt werden. Auf einem Teller mit geriebener weißer Schokolade dekorieren.*

EARL-GREY-TORTE

mit feiner Buttercreme

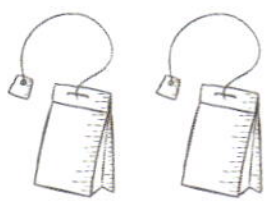

Zutaten

FÜR EINE Ø 26 cm SPRINGFORM

FÜR DEN TEIG:
- 3 Teebeutel Earl Grey
- 125 ml nicht mehr kochendes Wasser
- 6 Eier
- 300 g Zucker
- 125 ml Öl
- 300 g Mehl
- ½ Pkg. Backpulver

FÜR DIE BUTTERCREME:
- 250 g weiche Butter
- 375 g Puderzucker
- 30 ml Milch oder 30 g Sahne
- 1 Prise Salz

ZUM BESTREICHEN:
- Brombeer- oder Himbeermarmelade

1. Für den Teig die Teebeutel mit nicht mehr kochendem Wasser übergießen, 5 Minuten ziehen und dann vollständig auskühlen lassen.

2. Die Eier aufschlagen und mit dem Zucker ca. 10 Minuten zu einer cremigen Masse aufschlagen. Das Öl langsam einfließen lassen. Danach das Earl-Grey-Teewasser dazugeben und zum Schluss Mehl und Backpulver unterheben.

3. Den Teig in die mit Butter ausgefettete und mit Mehl bestäubte Backform füllen und bei 180 °C Ober-/Unterhitze ca. 50 Minuten backen. Auf einem Kuchengitter vollkommen auskühlen lassen.

4. Für die Buttercreme zuerst die Butter 3 Minuten luftig aufschlagen. Den Puderzucker in die Schüssel sieben und vorsichtig unterrühren. Milch oder Sahne und das Salz hinzufügen. Die Buttercreme nun auf höchster Stufe für mindestens 3 Minuten aufschlagen.

5. Den Tortenboden zweimal waagerecht durchschneiden. Den ersten Boden auf eine Tortenplatte legen und mit einer Winkelpalette so viel Marmelade darauf streichen, bis der Boden schön bedeckt ist. Den zweiten Boden auflegen und ebenfalls mit Marmelade bestreichen. Den letzten Boden darauflegen und die Torte komplett mit der Buttercreme einstreichen. Die Torte für mindestens 30 Minuten in den Kühlschrank stellen, damit die Buttercreme leicht fest wird. Mit etwas losem Earl Grey verzieren.

Tee

Backen mit FRÜCHTETEE

Früchtetee ist eine Mischung verschiedener getrockneter Pflanzenteile in diversen geschmackvollen Kombinationen. Früchtetees enthalten kein Koffein und können fruchtig, lieblich, blumig-würzig oder mild-herb sein. Anders als für Schwarzen oder Grünen Tee, die nur aus Teeblättern gewonnen werden, verwendet man für Früchtetees verschiedenste Pflanzenteile: Wurzeln, Blätter, Blüten und die Frucht selbst. Deshalb ist der Früchtetee im klassischen Sinn eigentlich nur ein teeähnliches Getränk. Früchtetees sind allseits beliebt und weit verbreitet.

FRÜCHTETEE-WÜRFEL mit Schokolade

Zutaten

FÜR EIN BLECH (30 x 40 cm)

FÜR DEN TEIG:
- 3 Eier
- 125 ml Öl
- 250 g Zucker
- 1 Pkg. Vanillezucker
- 180 ml Milch
- 75 g Schokotröpfchen
- 250 g Mehl
- 3 EL Kakaopulver
- 1 Pkg. Backpulver

FÜR DEN TEEÜBERGUSS:
- 1 Früchteteebeutel
- 250 ml kochendes Wasser
- 2 EL Rum
- 1 EL Zucker

ZUM BESTREICHEN:
- Johannisbeermarmelade

FÜR DIE GLASUR:
- 300 g Kochschokolade
- 300 g Sahne
- 1 EL Honig

1. Eier, Öl, Zucker und Vanillezucker schaumig rühren. Die Milch gemeinsam mit den Schokotröpfchen langsam unterrühren. Danach Mehl, Kakao und Backpulver vermischen und unter die Ölmasse geben. Zuletzt das steif geschlagene Eiweiß unterheben. Bei 170 °C Umluft ca. 20–25 Minuten backen.

2. Aus Tee, Wasser, Rum und Zucker einen Guss herstellen. Den Guss über den fertigen Kuchen geben und einziehen lassen, dann mit der Johannisbeermarmelade bestreichen.

3. Für die Schokoladenglasur die Schokolade gemeinsam mit der Sahne und dem Honig schmelzen lassen und gut verrühren.

4. Den Kuchen in quadratische Stücke schneiden und mit der Schokoladenglasur bestreichen.

TIPP: *Der Kuchen schmeckt auch nach 2–3 Tagen noch immer sehr saftig!*

PFIRSICHTEE-QUARK-TORTE
mit Streuseln

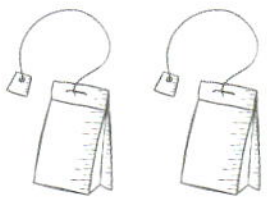

Zutaten

FÜR EINE Ø 26 cm SPRINGFORM

FÜR DEN MÜRBTEIG:
- 300 g Mehl
- 1 Ei
- 150 g Zucker
- 200 g Butter

FÜR DIE OBSTSCHICHT:
- 3 frische (große) Pfirsiche bzw. 1 Dose Pfirsiche (Abtropfgewicht 480 g)

FÜR DIE QUARKFÜLLUNG:
- 150 g Butter
- 130 g Zucker
- 1 Pkg. Vanillezucker
- 1 Pkg. Vanillepuddingpulver
- 2 Eier
- 500 g Magerquark
- ¼ Teebeutel Pfirsichtee

1. Für den Mürbteig das Mehl zusammen mit Ei, Zucker und Butter verkneten. Den Teig im Kühlschrank eine Stunde ruhen lassen.

2. In der Zwischenzeit den Backofen auf 180 °C Umluft vorheizen. Die Springform ausfetten. Den Mürbteig ausrollen und zwei Drittel des Teigs auf Boden und Rand auslegen. Am Rand fest andrücken.

3. Die frischen Pfirsiche halbieren, entkernen und mit der Schnittfläche nach unten auf dem Teig verteilen (bzw. die abgetropften Pfirsiche auf dem Teig verteilen).

4. Für die Füllung zuerst die Butter schmelzen lassen und dann mit dem Zucker verrühren. Danach alle anderen Zutaten unterrühren. Die gesamte Quarkmasse über die Pfirsiche geben und glatt streichen. Der ungebrühte Tee intensiviert den Pfirsichgeschmack in der Creme. Sie sollten jedoch nicht zu viel verwenden, ansonsten wird der Geschmack zu intensiv.

5. Zum Schluss den restlichen Teig in kleinen Stückchen als Streusel über die Quarkfüllung streuen. Ca. 50 Minuten backen. Die Streusel sollen zum Schluss goldbraun sein.

TIPP: *Die Pfirsichzeit ist vorbei? Zwetschgen schmecken in dieser Torte genauso gut! Den Pfirsichtee einfach durch einen weihnachtlichen Tee ersetzen.*

KIRSCHTEE-BROWNIES
mit Walnüssen

Zutaten

FÜR EIN KLEINES BLECH (25 x 25 cm)

- 200 g dunkle Schokolade
- 25 g Kakao
- 175 g Butter
- 3 Eier
- 150 g brauner Zucker
- 100 g Mehl
- ½ Pkg. Backpulver
- 50 g Walnüsse
- ½ Teebeutel Kirschtee
- 130 g Kirschen (aus dem Glas oder frisch)

1. Schokolade und Kakao gemeinsam mit der Butter in einem Topf schmelzen, gut verrühren und leicht abkühlen lassen.
2. Eier und Zucker schaumig aufschlagen und unter ständigem Rühren die Schoko-Butter-Masse dazugeben. Mehl und Backpulver vermengen und in die Eier-Schoko-Masse rühren. Walnüsse grob hacken und unterheben. Den Teebeutel aufschneiden, die Hälfte des Tees in den Teig geben und unterrühren.
3. Die Schokomasse in ein mit Backpapier belegtes, kleines Blech streichen und die Kirschen darauf verteilen.
4. Für ca. 25 Minuten bei 180 °C Umluft backen. Auskühlen lassen und genießen.

TIPP: *Die Brownies bekommen durch den ungebrühten Kirschtee in Kombination mit den Kirschen einen traumhaften Geschmack.*

Tee

WALDBEERENTEE-HEFEZOPF
mit Quark

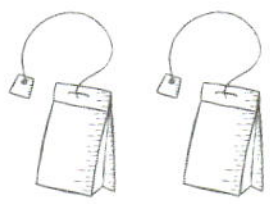

Zutaten

FÜR EINE KASTENFORM (31 x 12 cm)

FÜR DEN HEFETEIG:
- 290 g Weizenmehl
- 4 EL Zucker
- 1 Prise Salz
- 2 EL geschmolzene Butter
- 1 Ei
- 130 ml lauwarme Milch
- ½ Würfel frische Hefe

FÜR DIE FÜLLUNG:
- 1 Ei
- 80 g Zucker
- 30 g Butter
- 250 g Quark
- ¾ Pkg Vanillepuddingpulver
- 1 Teebeutel Waldbeeren-Tee
- 150 g Heidelbeeren tiefgefroren

FÜR DIE ZUCKERGLASUR:
- 120 g Puderzucker
- 2 EL Wasser

1. Alle Zutaten für den Hefeteig in eine Schüssel geben und mit dem Knethaken des Handrührgeräts ca. 5 Minuten durchkneten. Den Hefeteig abgedeckt 1 bis 2 Stunden an einem warmen Ort gehen lassen.

2. In der Zwischenzeit die Füllung vorbereiten. Dafür Ei und Zucker schaumig rühren, Butter, Quark und Vanillepuddingpulver dazugeben und gut verrühren. Den Teebeutel aufschneiden, den Inhalt in die Masse geben und unterrühren. Die Füllung bis zur Weiterverarbeitung in den Kühlschrank stellen. Sie darf nicht zu flüssig sein, da sie sonst beim späteren Auseinanderschneiden zu stark herausquillt.

3. Den Teig nach der Ruhezeit noch einmal kurz durchkneten, bei Bedarf noch etwas Mehl hinzufügen und zu einem Rechteck ausrollen (die Länge des Hefeteigs sollte der Länge der Kastenform entsprechen). Den Teig mit der Quarkfüllung bestreichen, mit den Heidelbeeren belegen und von der langen Seite aufrollen. Die Teigrolle der Länge nach mit einem scharfen Messer halbieren, sodass zwei Stränge entstehen. Die beiden Stränge nun so umeinander wickeln, dass die Seite mit der Füllung stets oben liegt. Den Zopf noch einmal ca. 20 Minuten gehen lassen. Bei 170 °C Umluft 35–40 Minuten backen. Etwas abkühlen lassen und die Zuckerglasur anrühren und darauf verteilen.

WINTERMÄRCHENTEE-KUCHEN
mit Walnüssen

Zutaten

FÜR EINE KASTENFORM (30 x 16 cm)

FÜR DEN TEIG:
- 250 g gemahlene Walnüsse
- 250 g Butter
- 280 g Zucker
- 6 Eier
- 60 ml Milch
- 40 g flüssiger Honig
- 170 g Mehl
- ½ TL Zimt

FÜR DEN ZUCKERGUSS:
- 3 Teebeutel Wintermärchentee (oder ein anderer winterlicher Tee)
- 75 ml kochendes Wasser
- 125 g Puderzucker

FÜR DIE DEKORATION:
- Walnüsse

1. Die gemahlenen Walnüsse kurz und unter ständigem Rühren in einer Pfanne anrösten.

2. Butter und Zucker mindestens 5 Minuten schaumig rühren, nach und nach die Eier einzeln unterrühren. Milch und Honig kurz untermischen, zum Schluss die gemahlenen Walnüsse, das Mehl und den Zimt unterziehen. Den Teig in eine ausgefettete Kastenform füllen, glatt streichen und ca. 45 Minuten bei 165 °C Umluft backen.

3. Die Teebeutel mit kochendem Wasser übergießen. Ca. 4 Minuten ziehen lassen, ausdrücken und entfernen.

4. Den Kuchen noch heiß vorsichtig aus der Form auf ein Kuchengitter stürzen und sofort mit der Gabel mehrfach einstechen. Die noch warme Oberfläche mit dem Tee etwas bepinseln. Puderzucker mit 3 EL Tee glatt rühren und den Guss über den Kuchen laufen lassen. Walnüsse darauf verteilen und alles vollständig erkalten lassen.

TIPP: *Der Kuchen ist schnell gemacht und sehr saftig. Wer lieber Mandeln oder Haselnüsse mag, kann die Walnüsse einfach ersetzen.*

EXOTISCHES VANILLETEE-KÜCHLEIN
mit Mango

Zutaten

FÜR EIN BLECH (30 x 40 cm)

FÜR DEN BECHERKUCHENTEIG (1 BECHER = 250 ml):
- 1 Becher Joghurt
- 1 Becher Zucker
- 4 Eier
- 1 Pkg. Vanillezucker
- 125 ml geschmacksneutrales Öl
- 2 Becher Mehl
- 1 Pkg. Backpulver

FÜR DEN SIRUP:
- 50 ml Wasser
- 1 Teebeutel ‚Passionsfrucht-Vanille' oder ähnliche Vanille-Sorten
- 90 g Zucker

FÜR DIE CREME:
- 250 g Magerquark
- 50 g Mascarpone
- 100 g Vanillejoghurt

FÜR DIE OBSTSCHICHT:
- 1 Mango

1. Für den Becherkuchenteig Joghurt, Zucker und Eier schaumig aufschlagen. Vanillezucker untermengen und weiter schaumig rühren. Öl einfließen lassen und unterrühren. Das Backpulver unter das Mehl mischen und alles vorsichtig unterrühren. Die Masse auf das ausgefettete Backblech streichen und 25 – 30 Minuten bei 170 °C Umluft backen.

2. Kuchen auskühlen lassen und mit einem Dessertring Kreise aus dem Kuchenteig stechen.

3. Für den Passionsfrucht-Vanille-Sirup das Wasser in einem kleinen Topf zum Kochen bringen. 1 Teebeutel Passionsfrucht-Vanille 8 Minuten darin ziehen lassen. Den Teebeutel entfernen, Zucker dazugeben und noch einmal aufkochen lassen. Danach die Flüssigkeit so lange einkochen, bis ein leicht dickflüssiger Sirup entstanden ist.

4. Für die Creme Magerquark, Vanille-Joghurt und Mascarpone verrühren und mit dem Passionsfrucht-Vanille-Sirup je nach Geschmack süßen.

5. Die Mango schälen und in Scheiben schneiden.

6. Um die Kuchentürmchen zusammenzubauen, legen Sie zunächst einen Kuchenboden in einen Dessertring und geben dann etwas von der Creme darauf. Mangoscheiben darauflegen, dann wieder einen Kuchenboden, Creme und mit Mangoscheiben abschließen. Mit einem Minzblatt und Vanillezucker dekorieren.

Backen mit KRÄUTERTEE

Kräutertee gehört zu den ältesten und zugleich beliebtesten Teesorten der Welt. Die lange Tradition, Kräuter und Pflanzen als Teemischung zu nutzen, lebt auch heute noch fort, zumal immer mehr Menschen auf die Heilkraft der Natur zurückgreifen, um Beschwerden zu lindern oder ihrem Körper etwas Gutes zu tun. Die verschiedenen Kräutertee-Variationen lindern nicht nur Beschwerden wie Erkältungen oder Verdauungsprobleme. Im reichhaltigen Angebot der Kräutertees findet man auch viele Mischungen, die bei der Entspannung helfen, und somit das seelische und körperliche Wohlbefinden fördern können.

Die Bandbreite der eingesetzten Kräuter für diese Teesorten ist nahezu unerschöpflich. Ob zur Teeproduktion die Blüten, Blätter, Wurzeln, Rinden, Früchte oder Samen verwendet werden, ist von Sorte zu Sorte unterschiedlich und hängt davon ab, in welchem Teil der Pflanze die aromatischsten Inhaltsstoffe enthalten sind.

KRÄUTERTEEKEKSE mit sechs Kräutern

Zutaten

FÜR CA. 40 STÜCK

- 200 g weiche Butter
- 75 g Puderzucker
- 2 Eigelbe
- 2–3 Teebeutel Kräutertee (z. B. 6-Kräutertee)
- 225 g Mehl
- 1 Prise Salz
- 10 EL brauner Zucker

1. Butter und Puderzucker schaumig aufschlagen. Nacheinander die Eigelbe gut unterrühren.

2. Je nach Intensitätswunsch 2–3 Teebeutel des Kräutertees aufschneiden und die losen, fein gehackten Teekräuter in die Buttermasse geben und gut verrühren.

3. Mehl und Salz unterheben und zügig verrühren.

4. Formen Sie nun Rollen mit einem Durchmesser von drei Zentimeter. Den braunen Zucker auf einen flachen Teller geben und die Teigrollen im Zucker wälzen. Auf einen Teller geben und für ca. 20 Minuten kaltstellen.

5. Die Rollen nun in ca. 0,5 cm dicke Scheiben schneiden und auf einem mit Backpapier ausgelegten Blech verteilen.
Nacheinander im vorgeheizten Backofen bei 160 °C Umluft 12–15 Minuten backen.

TIPP: *Die Kekse passen hervorragend zu einer Tasse Tee. In einem luftdichten Gefäß bleiben sie länger knusprig.*

THE GREEN

MELISSENTEE-TASCHEN
mit Kirsch-Füllung

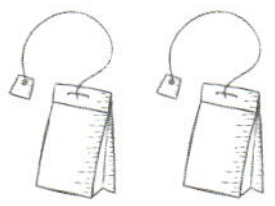

Zutaten

FÜR CA. 15 STÜCK

FÜR DEN HEFETEIG:
- 500 g Mehl
- 1 Pkg. Backpulver
- 100 g Zucker
- 1 Pkg. Trockenhefe (oder ½ Würfel frische Hefe)
- 250 ml lauwarme Milch
- 100 ml Öl
- 1 Eigelb
- 1 Eiweiß zum Bestreichen

FÜR DIE FRISCH-KÄSEFÜLLUNG:
- 1 Ei
- 110 g Zucker
- 40 g Butter
- 250 g Frischkäse
- 1 EL Speisestärke
- ¾ Teebeutel Melissen-Tee
- 300 g frische Kirschen oder Kirschen aus dem Glas (Abtropfgewicht 350 g)

1. Für die Frischkäsefüllung das Ei mit dem Zucker schaumig rühren. Geschmolzene Butter, Frischkäse und Speisestärke dazugeben und gut verrühren. Einen Teebeutel Melissen-Tee aufschneiden und drei Viertel des Inhalts unter die Frischkäsemasse heben.

2. Für den Hefeteig Mehl, Backpulver, Zucker und Hefe in eine Rührschüssel geben. Die Milch erwärmen und gemeinsam mit dem Öl und dem Eigelb zu den trockenen Zutaten geben und mit den Knethaken des Handrührgeräts oder in der Küchenmaschine ca. 5 Minuten gut verrühren. Es soll ein schöner glatter Teig entstehen, der nicht mehr an den Fingern kleben bleibt.

3. Den Teig zu einem Rechteck ausrollen und mit einem scharfen Messer in ca. 15 gleich große Rechtecke schneiden. Die Ränder der kleinen Rechtecke mit dem Eiweiß bestreichen – es dient als Kleber. Nun auf die untere Hälfte des Rechteckes einen Löffel Frischkäsefüllung geben und 3–4 Kirschen daraufsetzen. Die andere Seite mit dem Messer ein paar Mal einschneiden. Den oberen Teil über die Füllung klappen und die Ränder etwas andrücken.

4. Die Melissen-Kirsch-Taschen auf ein mit Backpapier ausgelegtes Backblech geben, mit dem restlichen Eiweiß bestreichen und im vorgeheizten Ofen bei 190 °C Ober-/Unterhitze ca. 20 Minuten backen. Auskühlen lassen und mit Fuderzucker bestäuben.

LIMETTEN-MINZTEE-TARTE
mit Mango

Zutaten

FÜR EINE LÄNGLICHE TARTEFORM (35 cm lang)

FÜR DEN MÜRBETEIG:
- 220 g Mehl
- 40 g Kakao
- 1 Prise Salz
- 70 g heller Rohrzucker
- 80 g Butter
- 1 Ei
- ½ Teebeutel Limette-Minze

FÜR DIE FÜLLUNG:
- 2 reife Mangos
- 2 Teebeutel Limette-Minze
- 50 ml Wasser
- 100 g Zucker

FÜR DAS TOPPING:
- 3 EL Quark
- 2 EL Joghurt
- 35 g Puderzucker
- ¼ Teebeutel Limette-Minze
- ½ TL geriebene Limettenschale
- 150 g Schlagsahne
- Minzblätter zur Dekoration

1. Mehl, Kakao, Salz und Zucker in einer Schüssel mischen. Die Butter in kleine Stücke schneiden und mit dem Ei und der Mehlmischung zu einem glatten Teig verkneten. Den Teig in Frischhaltefolie wickeln und 30 Minuten kaltstellen.

2. Den Backofen auf 170 °C Ober-/Unterhitze vorheizen. Den Teig ausrollen und die gebutterte Tarteform damit auslegen. Etwas Teig übriglassen. Mit einer Gabel Löcher in den Teigboden stechen und den Tarteboden blind auf mittlerer Schiene ca. 20 Minuten backen.

3. Einen Teebeutel Limette-Minze aufschneiden und ca. die Hälfte in den restlichen Teig einkneten. Den Teig wieder ausrollen und mit Keksausstechern Motive ihrer Wahl ausstechen. Für 8 Minuten bei 170 °C Ober-/Unterhitze backen.

4. Für die Füllung die Mangos schälen und würfeln. Wasser aufkochen, Limetten-Minz-Tee darin 6 Minuten ziehen lassen und danach die Teebeutel entfernen. 300 g Mangowürfel und den Zucker dazugeben, einmal kurz aufkochen lassen und 5 Minuten unter Rühren einkochen lassen. Anschließend den Topf auf die Seite stellen und das Mango-Kompott etwas abkühlen lassen.

5. In der Zwischenzeit das Topping vorbereiten. Den Quark mit dem Joghurt und dem Puderzucker zu einer glatten Masse verrühren. Vom offenen Teebeutel rund ein Viertel unter die Creme rühren. Limettenschale dazugeben. Die Sahne steif schlagen und unter die Joghurt-Quark-Masse heben.

6. Nun die Tarte mit der Füllung bestreichen. Darauf das Topping geben und für mindestens eine halbe Stunde in den Kühlschrank stellen. Mit den restlichen Mangowürfeln und einigen Minzblättern dekorieren.

INGWERTEE-KUCHEN
mit weißer Schokolade

Zutaten

FÜR EIN BACKBLECH (47 x 38 cm)

FÜR DEN TEIG:
- 6 Eier (Zimmertemperatur)
- 250 g Zucker
- 1 Pkg. Vanillezucker
- 250 g weiche Butter
- Schale einer ½ unbehandelten Zitrone
- etwas geriebener frischer Ingwer
- 250 g Mehl
- 1 Pkg. Backpulver

FÜR DEN TEEÜBERGUSS:
- 3 Teebeutel Zitronen-Ingwer-Tee
- 170 ml kochendes Wasser

ZUM BESTREICHEN:
- Orangen- oder Aprikosenmarmelade

FÜR DIE SCHOKOLADEN-GLASUR:
- 1 Pkg. weiße Schokoladenglasur
- 50 g weiße Schokolade
- ½ Teebeutel Zitronentee

FÜR DIE DEKORATION:
- geriebene Schale einer Limette, Zitrone oder kandierter Ingwer

1. Backofen auf 180 °C Umluft vorheizen.
2. Die Eier trennen und das Eiweiß steif schlagen. Eigelb, Zucker, Vanillezucker und weiche Butter schaumig rühren. Zitronenschale und geriebenen Ingwer untermischen. Mehl und Backpulver dazugeben und schnell zu einem glatten Teig verrühren. Auf ein mit Backpapier ausgelegtes Blech streichen und ca. 20 Minuten backen. Etwas auskühlen lassen.
3. Den Zitronen-Ingwer-Tee mit kochendem Wasser aufbrühen.
4. Den Kuchenteig horizontal halbieren und auf eine der Teighälften die Hälfte des Zitronen-Ingwer Tees gießen. Die Marmelade etwas erwärmen und vorsichtig auf dem Boden verstreichen. Die zweite Kuchenhälfte daraufsetzen und ebenfalls mit Tee übergießen. Etwas antrocknen lassen.
5. Währenddessen die Schokoladenglasur nach Packungsanleitung zubereiten, weiße Schokolade und ungebrühten Zitronentee dazugeben und über dem Kuchen verteilen. Mit geriebener Zitronen- oder Limettenschale, bzw. mit kandiertem Ingwer dekorieren.

Tee

PFEFFERMINZTEE-KUCHEN
mit Schokolade

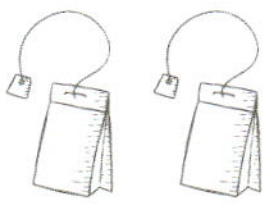

Zutaten

FÜR 4 GLÄSER (290 ml)

FÜR DEN SCHOKOTEIG:
- 50 g dunkle Schokolade
- 40 g Butter
- 1 Ei
- 50 g brauner Zucker
- 45 g Mehl
- 10 g Kakao
- ½ Pkg. Backpulver

FÜR DEN TEEÜBERGUSS:
- 2 Teebeutel Pfefferminztee
- 200 ml kochendes Wasser

FÜR DAS PFEFFERMINZ-FROSTING:
- 100 g Butter
- 30 g Puderzucker
- 200 g Frischkäse
- Pfefferminztee-Sirup (optional)
- grüne Lebensmittelfarbe (optional)

1. Gläser mit Butter ausfetten und den Backofen auf 170 °C Ober-/Unterhitze vorheizen.

2. Schokolade und Butter in einem Topf bei mittlerer Hitze schmelzen lassen. Immer wieder umrühren. Ei und Zucker schaumig rühren und anschließend mit der Schoko-Butter-Mischung so lange verrühren, bis sich der Zucker aufgelöst hat. Mehl, Kakao und Backpulver zügig untermengen.

3. Die Gläser zu zwei Dritteln mit dem Teig befüllen und im vorgeheizten Backofen etwa 25 Minuten backen. Mindesten 10 Minuten abkühlen lassen.

4. 200 ml Wasser aufkochen und in einer Tasse mit 2 Teebeuteln Pfefferminztee ca. 8 Minuten ziehen lassen. Teebeutel ausdrücken und entfernen.

5. Jedes Glas nun mit ca. 5 Esslöffel Pfefferminztee übergießen.

6. Für das Pfefferminzfrosting die Butter cremig schlagen. Puderzucker dazugeben und weiterrühren. Frischkäse unterrühren und gegebenenfalls mit dem Pfefferminzsirup weiter süßen. Um eine mintfarbenes Frosting zu erhalten etwas grüne Lebensmittelfarbe dazugeben.

REZEPT PFEFFERMINZSIRUP:

Für 200 ml Sirup 250 ml Wasser in einem Topf aufkochen, 8 Beutel Pfefferminztee zugeben und ca. 10 Minuten ziehen lassen. Danach die Teebeutel herausnehmen, ausdrücken und 200 g Zucker hinzugeben. Erneut bei starker Hitze für ca. 5 Minuten auf 200 ml Sirup einkochen.

APFEL-KRÄUTERTEE-GUGELHUPF
mit Frischkäse-Frosting

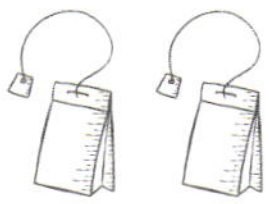

Zutaten

FÜR EINE GUGELHUPF-FORM (Ø 28 cm)

FÜR DIE FRISCHKÄSE-FÜLLUNG:
- 80 g Butter
- 110 g Puderzucker
- 200 g Frischkäse
- 1 Ei
- 2 EL Speisestärke

FÜR DEN TEIG:
- 5 Teebeutel Kräutertee
- 150 ml kochendes Wasser
- 250 g Äpfel
- 3 Eier
- 130 ml geschmacks-neutrales Öl
- 100 g Zucker
- 200 g brauner Zucker
- 1 Pkg. Vanillezucker
- 1 Prise Salz
- 350 g Mehl
- 1 Pkg. Backpulver
- ½ TL Zimt
- 100 g gemahlene Mandeln

FÜR DAS FRISCHKÄSE-FROSTING:
- 50 g weiche Butter
- 150 g Puderzucker
- 10 g Sahne (optional)
- 100 g Frischkäse Doppelrahmstufe
- ½ EL Zimt

1. Den Backofen auf 170 °C Ober-/Unterhitze vorheizen.

2. Für die Frischkäse-Füllung die Butter cremig rühren, Zucker und Frischkäse hinzufügen und so lange weiterrühren, bis alles schön cremig ist. Das Ei und anschließend die Speisestärke unterrühren.

3. Für den Teig den Kräutertee mit kochendem Wasser übergießen und ca. 6 Minuten ziehen lassen. Teebeutel ausdrücken und entfernen.

4. Äpfel schälen und vierteln. In dünne Scheiben schneiden.

5. In einer großen Rührschüssel Eier, Öl, weißen und braunen Zucker, Vanillezucker und Salz verrühren. Den Kräutertee kurz untermengen. Mehl, Backpulver und Zimt dazugeben und zu einem glatten Teig verrühren. Zum Schluss noch die Nüsse und die Äpfel unterheben.

6. Eine Gugelhupfform mit Butter ausfetten und mit Mehl bestäuben. Zwei Drittel des Teigs in die Form füllen, die Frischkäsefüllung auf dem Teig verteilen und mit einer Gabel marmorieren. Danach den restlichen Teig über der Frischkäsecreme verteilen. Für 55–60 Minuten backen und danach auskühlen lassen.

7. Für das Frischkäse-Frosting die Butter mit dem Handrührgerät etwa 1 Minute lang hell und cremig aufschlagen. Puderzucker dazugeben und 2 Minuten rühren, bis die Masse wieder sehr hell geworden ist. Wird die Masse dabei zu trocken, etwas Sahne dazugeben und eine weitere Minute rühren. Den kalten Frischkäse dazugeben und per Hand mit einem Teigschaber einarbeiten.

8. Das Frosting auf dem Gugelhupf verteilen, dabei sechs Esslöffel zurückbehalten und mit dem Zimt verrühren. Die Zimt-Mischung mit einem Löffel über das Frosting geben.

Backen mit MATCHA-TEE

Matcha, was auf Japanisch soviel heißt wie „gemahlener Tee“, ist ein feines Pulver welches aus Grünem Tee gewonnen wird. Es hat eine intensive grüne Farbe und einen lieblich-süßlichen, manchmal auch leicht herben Geschmack. Das Teeblatt zu zermahlen, wie dies beim Matcha-Tee bis heute geschieht, geht auf die uralte Nutzung des Tees als Heilkraut in China und Japan zurück.

Matcha zaubert Farbe auf den Teller und das ganz ohne Chemie. Alles, was mit Matcha vermischt wird, wirkt frisch und gesund. Letzteres ist Matcha wirklich: Durch seinen besonders hohen Anteil an wertvollen Inhaltsstoffen wie Antioxidantien, Vitaminen, Mineralien und Ballaststoffen wird Matcha dem sogenannten „Superfood“ zugeordnet. Matcha hat auch eine belebende Wirkung. Eine Tasse Matcha-Tee entspricht in etwa dem Koffeingehalt von zwei bis drei Tassen Kaffee. Im Tee ist das anregende Koffein allerdings an Flavonole gebunden, und wird erst im Darm freigesetzt, was dazu führt, dass die Wirkung milder ausfällt und länger anhält.

MATCHA-SPRITZGEBÄCK
mit Schokoglasur

Zutaten

FÜR CA. 35 STÜCK

- 300 g Butter
- 1 Pkg. Vanillezucker
- 3 gestrichene TL Matcha-Pulver
- 100 g Puderzucker
- 2 Eier
- 400 g Mehl
- 2 EL Kakao
- 2 EL Milch
- 2 EL Puderzucker
- Schokoglasur zur Dekoration

1. Den Backofen auf 175 °C Umluft vorheizen.

2. Butter, Vanillezucker, Matcha-Pulver und Puderzucker kurz schaumig rühren. Zuerst die Eier, dann das Mehl unterrühren.

3. Etwas weniger als die Hälfte davon in eine zweite Rührschüssel geben. Kakao, Milch und die 2 Esslöffel Puderzucker unterrühren. Den grünen Teig in die linke Hälfte eines Spritzbeutels mit mittlerer Sterntülle füllen, den braunen Teig in die rechte Hälfte. Kränze und ‚S' auf ein mit Backpapier ausgelegtes Blech spritzen. Die Bleche nacheinander 8–10 Minuten backen.

4. Die Plätzchen aus dem Ofen nehmen und auf einem Kuchengitter ca. 20 Minuten auskühlen lassen.

5. Die Schokoglasur nach Packungsanleitung erwärmen und die Kekse in die Schokolade tauchen. Auskühlen lassen und mit Matcha-Pulver bestreuen.

Tee

MATCHA-ZITRONEN-GUGELHUPF mit Mohn

Zutaten

FÜR EINE GUGELHUPFFORM (ø 26 cm)

FÜR DEN TEIG:
- 4 Eier
- 190 g Zucker
- 180 g Butter
- Schale von einer unbehandelten Zitrone
- Saft einer Zitrone
- 160 ml Buttermilch
- 400 g Mehl
- 4 TL Backpulver
- 120 g gemahlener Mohn
- 4 EL Milch

1–2 TL Matcha-Pulver

FÜR DIE GLASUR:
- 100 g weiße Schokolade
- 100 g Sahne

1. Backofen auf 175 °C Umluft vorheizen.

2. Eier trennen und das Eiweiß steif schlagen. Zucker und Butter, Zitronenschale und Zitronensaft schaumig rühren. Das Eigelb nach und nach unterrühren. Die Buttermilch nun langsam unterrühren. Mehl mit Backpulver mischen und langsam unter den Teig rühren. Das steifgeschlagene Eiweiß unter den Teig heben. Nun ein Drittel des Teiges in eine separate Schüssel geben und Mohn, Milch und Matcha dazugeben. Nur so lange rühren, bis alles gut vermischt ist.

3. Die Gugelhupfform ausfetten und mit Mehl bestäuben. Den hellen Teig in die Form füllen, die Mohnmasse darauf verteilen und kurz mit der Gabel unterheben. Den Gugelhupf nun ca. 60 Minuten backen bis er goldbraun geworden ist (die letzten 25 Minuten evtl. mit Alufolie abdecken). Aus dem Ofen nehmen und in der Form vollständig auskühlen lassen.

4. Die weiße Schokolade in einem Topf gemeinsam mit der Sahne unter ständigem Rühren schmelzen lassen. Über den Gugelhupf geben und mit Matcha-Pulver und Mohn dekorieren.

Tee

NO-BAKE-MATCHA-CHEESECAKE
mit Knusperboden

Zutaten

FÜR EINE Ø 26 cm SPRINGFORM

FÜR DEN KNUSPERBODEN:
- 100 g Butter
- 40 g Puderzucker
- 200 g Butterkekse bzw. Vollkornbutterkekse

FÜR DIE CREME:
- 5 Blatt Gelatine
- 300 g Sahne
- 750 g Magerquark
- 200 g Frischkäse oder Mascarpone
- 100 g Vanillejoghurt
- 220 g Puderzucker
- 2–3 EL Matcha-Pulver

1. Eine Springform mit Backpapier auslegen.
2. Für den Boden Butter schmelzen, vom Herd nehmen und abkühlen lassen. Kekse im Mixer zerkleinern oder in einen Gefrierbeutel geben und mit einer Teigrolle zerkleinern. Die Kekskrümel mit der Butter und dem Puderzucker mischen, in die Form geben und alles mit einem Löffel am Boden festdrücken. Für mindestens 30 Minuten in den Kühlschrank stellen.
3. Für die Creme Gelatine für ca. 5 Minuten in kaltem Wasser einweichen. Sahne steif schlagen. Quark, Frischkäse, Vanillejoghurt und Puderzucker gut verrühren und gegebenfalls mit etwas Zucker abschmecken.
4. Die Gelatine ausdrücken und in einem kleinen Topf mit 2 Esslöffel Wasser bei schwacher Hitze unter Rühren auflösen. Den Topf von der Herdplatte nehmen und von der Quarkcreme 2 Esslöffel unter die Gelatine rühren. Zwei weitere Esslöffel dazugeben und wieder glatt rühren. Nun die Gelatinemasse gründlich mit einem Teigschaber unter die restliche Füllung rühren. Die geschlagene Sahne vorsichtig unterheben.
5. Etwa die Hälfte der Creme auf dem gekühlten Tortenboden verteilen und in den Kühlschrank stellen. In die andere Hälfte das Matcha-Pulver einrühren und nach 10 Minuten auf der weißen Schicht verteilen und glatt streichen.
6. Die Torte mindestens 4–5 Stunden kalt stellen.

TIPP: *Wer den Geschmack von Matcha weniger intensiv haben möchte, kann das Verhältnis der Quarkmasse anders aufteilen.*

MATCHA-BANANEN-CUPCAKES
mit Frischkäse-Frosting

Zutaten

FÜR CA. 12 STÜCK

FÜR DEN TEIG:

- 130 g Zucker
- 2 Eier
- 130 g weiche Butter
- Saft einer halben Zitrone
- 160 g Mehl
- ½ Pkg. Backpulver
- ½ TL Natron
- 1 Prise Zimt
- 1 ½ reife Bananen

FÜR DAS FROSTING:

- 200 g Butter
- 125 g Puderzucker
- 225 g Frischkäse
- 1–2 EL Matcha-Pulver

1. Zucker, Eier und Butter schaumig schlagen. Zitronensaft dazugeben. Mehl, Backpulver, Natron und Zimt miteinander vermischen und unterrühren. Bananen mit einer Gabel sehr fein zerdrücken und unter den Teig heben.

2. Ein Muffinblech mit Papierförmchen auslegen und den Teig einfüllen. Die Muffins im vorgeheizten Ofen bei 160 °C Ober-/Unterhitze ca. 20 Minuten backen und anschließend vollständig auskühlen lassen.

3. Für das Frosting die Butter in einer Rührschüssel cremig rühren. Den Puderzucker sieben und nach und nach unter die Masse rühren.

4. Frischkäse und Matcha-Pulver miteinander vermischen und zur Butter geben. Das fertige Frischkäse-Frosting mit einer Spritztülle auf die Muffins spritzen.

MATCHA-SCHNECKEN
mit Schoko-Chunks

Zutaten

FÜR CA. 15 STÜCK

FÜR DEN HEFETEIG:
- 340 g Mehl
- 100 g Zucker
- 10 g frische Hefe oder ½ Päckchen Trockenhefe
- 110 ml lauwarme Milch
- 75 ml lauwarmes Wasser
- 100 g Öl
- 1 Eigelb

FÜR DIE FÜLLUNG:
- 15 g Butter
- 110 g brauner Zucker
- 3–4 TL Matcha
- Schoko-Chunks oder gehackte Schokolade

1. Mehl, Zucker und Hefe in eine Rührschüssel geben. Die Milch und das Wasser erwärmen und gemeinsam mit dem Öl und dem Eigelb zu den trockenen Zutaten geben und mit den Knethaken des Handrührgeräts oder der Küchenmaschine ca. 5 Minuten kneten. Abgedeckt an einem warmen Ort ca. 60 Minuten gehen lassen.

2. Den Teig vorsichtig ausrollen und mit geschmolzener Butter bestreichen. Den Zucker, Matcha und die Schoko-Chunks darauf verteilen. Den Teig der Länge nach einrollen. Nun ca. 3 cm breite Streifen abschneiden und die so entstandenen Schnecken auf ein mit Backpapier ausgelegtes Backblech legen.

3. Den Ofen auf 250 °C Ober-/Unterhitze vorheizen und die Schnecken ca. 8 Minuten backen.

MATCHA-MARMORKUCHEN
mit Schokoüberzug

Zutaten

FÜR EINE KASTENFORM (31 x 12 cm)

FÜR DEN TEIG:
- 250 g weiche Butter
- 230 g Zucker
- 1 Prise Salz
- 5 Eier
- 500 g Mehl
- 1 Pkg. Backpulver
- 150 ml Milch
- 2 TL Matcha-Pulver
- 20 g Kakao

FÜR DEN SCHOKOÜBERZUG:
- 150 g Zartbitterschokolade
- 1 EL Kokosfett

1. Für den Matcha-Marmorkuchen den Backofen auf 165 °C Ober-/Unterhitze vorheizen.

2. Butter, Zucker und Salz mit den Quirlen des Handrührgeräts mind. 5 Minuten schaumig schlagen. Eier nacheinander zugeben und jeweils eine halbe Minuten unterrühren. Mehl und Backpulver mischen und abwechselnd mit der Milch zügig unterrühren.

3. Den Teig in drei Teile teilen. In ein Drittel das Matcha-Pulver geben, in das zweite Drittel das Kakaopulver rühren, der dritte Teil bleibt ‚pur'.

4. Eine Kastenform ausfetten und mit Mehl bestäuben. Abwechselnd die drei Teile Teig hineingeben und mit einer Gabel spiralförmig durch den Teig fahren, damit ein Marmormuster entsteht.

5. 50–60 Minuten backen. Aus dem Ofen nehmen und nach 10 Minuten auf ein Gitter stürzen und komplett auskühlen lassen.

6. Für den Schokoüberzug die Schokolade zusammen mit dem Kokosfett schmelzen und über dem Kuchen verteilen.

Backen mit CHAI-TEE

Chai-Tee oder Masala-Chai-Tee ist eine Teemischung aus dem südasiatischen Raum, basierend auf schwarzem Tee und Gewürzen. Traditionell wird Chai-Tee mit einem Schuss Milch und Honig oder Zucker getrunken. Die Bezeichnung ‚Chai-Tee' ist eigentlich nicht ganz richtig, auch wenn sie sich bei uns so eingebürgert hat. Im Chinesischen bedeutet ‚Chai' nämlich bereits so viel wie ‚Tee'. ‚Masala' wiederum ist Hindi und bedeutet in der Übersetzung ‚Gewürzmischung'. Bei der klassischen Rezeptur kommen zum Schwarzen Tee Gewürze wie Kardamom, Ingwer, Zimt, Nelken, Fenchel und Anis. Eine große Rolle spielt das Rezept in der ayurvedischen Gesundheitslehre, in der diese Gewürze ihren festen Platz haben. Dass Chai auch in Europa und den USA inzwischen zum Trendgetränk geworden ist, liegt auf der Hand: Durch die wohltuende Wirkung von Tee und Gewürzen wird jede Tasse Chai zum kleinen Genießer-Trip.

Die Zubereitung variiert je nach Rezept. Häufig werden zuerst die Gewürze mit Wasser in einem Topf aufgekocht, bevor Tee, Milch und Zucker dazugegeben werden und das Ganze ein weiteres Mal aufkocht.

CHAI-BANANEN-STREUSELKUCHEN
mit Karamell-Sauce

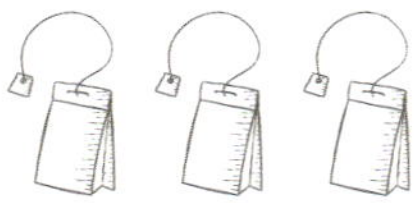

Zutaten

FÜR EIN BLECH (30 x 40 cm)

FÜR DEN TEIG:
- 250 g Butter
- 220 g brauner Zucker
- 1 TL gemahlener Zimt
- 1 Prise Salz
- 6 Eier
- 200 g Mehl
- 3–4 reife Bananen
- 100 g Joghurt 3,8 % Fett
- 2 TL Chai-Pulver
- 1 Pkg. Backpulver
- 125 g Walnüsse

FÜR DIE STREUSEL:
- 175 g Butter
- 140 g Walnüsse
- 250 g Mehl
- 125 g brauner Zucker
- 1 TL Zimt
- 1 Prise Salz
- 1 TL Chai-Pulver

FÜR DIE CHAI-KARAMELL-SAUCE:
- 100 g Sahne
- 4 Teebeutel Chai-Tee
- 200 g Zucker
- 70 g Butter
- 1 Prise Salz

1. Für die Streusel die Butter schmelzen und die Walnüsse grob hacken. Mehl, Zucker, Zimt, Salz, Chai-Pulver und Walnüsse in einer Schüssel mischen. Heiße Butter auf einmal zugießen und gut verrühren. Abkühlen lassen.

2. Das Backblech ausfetten und mit Mehl bestäuben. Den Backofen auf 150 °C Umluft vorheizen.

3. Für den Teig Butter, Zucker, Zimt und Salz ca. 5 Minuten cremig rühren. Eier nacheinander im Wechsel mit je 1 EL Mehl gut unterrühren. Bananen schälen, mit einer Gabel fein zerdrücken und zusammen mit dem Joghurt unter die Eier-Fett-Masse rühren. Mehl, Chai-Pulver und Backpulver mischen und zusammen mit den Walnüssen kurz unterrühren.

4. Teig in der Form verteilen und die Streusel darauf geben. 30–35 Minuten backen (bei der Garprobe darf der Kuchen noch ein bisschen feucht sein).

5. Für die Karamellsauce die Sahne mit dem Chai-Tee aufkochen und dann 10 Minuten ziehen lassen. Den Zucker in einem weiten Topf langsam karamellisieren lassen. Sobald der Karamell eine goldbraune Farbe erreicht hat, kommen Butter, Salz und die Chai-Sahne dazu und werden mit dem Karamell verrührt. Durch den Temperaturunterschied wird der Karamell erst etwas fest, löst sich aber schnell wieder auf. Auskühlen lassen, dabei evtl. zwischendurch umrühren.

6. Den Kuchen in Stücke schneiden und die Chai-Karamell-Sauce dazu reichen.

TIPP: *In kleinen Marmeladengläsern hält sich die Sauce über mehrere Monate im Kühlschrank.*

Farm
Dairy

Tee
Home

CHAI-KAROTTEN-KUCHEN mit Frischkäse-Frosting

Zutaten

FÜR EINE KASTENFORM (31 x 12 cm)

FÜR DEN TEIG:
- 230 g Karotten
- 3 Eier
- 120 g weiche Butter
- 200 g brauner Zucker
- ½ TL Zimt
- 1 Prise Salz
- 90 g geriebene Walnüsse
- 1 Teebeutel Chai-Tee
- 160 g Mehl
- 1 Pkg. Backpulver
- 30 g Speisestärke

FÜR DAS FRISCHKÄSE-FROSTING:
- 100 g Butter
- 250 g Puderzucker
- 1 Pkg. Vanillezucker
- 100 g Frischkäse
- Chai-Pulver

1. Karotten schälen und fein raspeln. Den Ofen auf 165 °C Umluft vorheizen.

2. Die Eier trennen. Butter, Zucker und Zimt schaumig schlagen, dann das Eigelb unterrühren. Das Eiweiß mit dem Salz steif schlagen und gemeinsam mit den Karotten und den Walnüssen vorsichtig unterheben. Den Teebeutel aufschneiden und in den Teig geben. Zuletzt Mehl, Backpulver und Speisestärke gut vermischen und unter den Teig rühren.

3. Den Teig in die ausgefettete und mit Mehl bestäubte Kastenform füllen und 40–45 Minuten backen. Aus dem Ofen nehmen und ganz auskühlen lassen. Dann den Kuchen vorsichtig aus der Form lösen.

4. Für das Frosting die weiche Butter, den Puderzucker und Vanillezucker mit dem Handrührgerät zu einer glatten Creme verrühren. Nun den Frischkäse hinzugeben und noch einmal kurz weiterrühren, bis sich alles gut vermischt hat.

5. Das Frosting auf den ausgekühlten Karotten-Chai-Kuchen streichen und mit Chai-Pulver bestreuen.

CHAI-CHEESECAKE
mit Spekulatiusboden

Zutaten

FÜR EINE Ø 26 cm SPRINGFORM

FÜR DEN BODEN:
- 120 g Spekulatiuskekse
- 120 g Vollkorn-Butterkekse
- 70 g geschmolzene Butter

FÜR DIE CHEESE-CAKEFÜLLUNG:
- 130 g weiche Butter
- 230 g Zucker
- 1 Pkg. Vanillezucker
- 4 Eier
- 1 Pkg. Backpulver
- 1 Pkg. Vanillepuddingpulver
- 2 EL Speisestärke
- 400 g Frischkäse
- 250 g Magerquark
- 400 g Saure Sahne
- 3 Teebeutel Chai-Tee
- 50 ml kochendes Wasser

FÜR DAS TOPPING:
- 200 g Sahne
- 20 g Puderzucker
- 1 Spekulatiuskeks

1. Für den Boden die Spekulatius- und Butterkekse ganz fein zerbröseln. Die Kekse dafür in einen Gefrierbeutel geben und mit einer Teigrolle zerkleinern. Mit der geschmolzenen Butter vermischen und auf den Boden einer Springform geben. Mit einem Löffel verteilen und andrücken. Den Backofen auf 180 °C Ober-/Unterhitze vorheizen und für ca. 10 Minuten backen.

2. Für die Füllung die Butter mit dem Zucker und Vanillezucker schaumig rühren. Die Eier trennen, Eigelb nach und nach sorgfältig unter die Buttermischung rühren. Backpulver, Puddingpulver und Speisestärke mischen und zu der Butter-Eier-Creme geben, dann Frischkäse, Quark und Saure Sahne unterrühren.

3. Den Chai-Tee mit kochendem Wasser übergießen und 5 Minuten ziehen lassen. Teebeutel ausdrücken und entfernen. Den Tee in die Frischkäsemasse einrühren.

4. Das Eiweiß steif schlagen und in zwei Portionen unterheben. Die Masse in die Springform füllen und glatt streichen.

5. Den Cheesecake für ca. 80 Minuten backen. Nach ca. 40 Minuten mit Alufolie abdecken.

6. Nach Ende der Backzeit den Chai-Cheesecake noch 10 Minuten im ausgeschalteten Backofen ruhen lassen. Herausnehmen und vollständig auskühlen lassen.

7. Für das Topping die Sahne steif schlagen und den Puderzucker unterrühren. Den Cheesecake damit bestreichen und mit Spekulatiusbröseln dekorieren.

Tee

CHAI-COOKIES
mit Schokolade

Zutaten

FÜR CA. 15 STÜCK

- 100 g Butter
- 130 g brauner Zucker
- 1 Prise Salz
- 1 Ei
- 150 g Weizenmehl
- ½ TL Backpulver
- 1 Teebeutel Chai-Tee
- 70 g Schokotröpfchen

1. Den Backofen auf 175 °C Ober-/Unterhitze vorheizen.

2. Die Butter mit dem Zucker und dem Salz cremig schlagen und das Ei unterrühren. In einer separaten Schüssel Mehl und Backpulver mischen und in die Buttermasse einrühren. Den Chai-Teebeutel aufschneiden und den Inhalt unter die Masse mischen. Zuletzt die Schokotröpfchen unterheben.

3. Den Teig zu kleinen Kugeln formen und auf ein mit Backpapier ausgelegtes Blech setzen (ca. 9 Stück pro Blech). 10 bis 12 Minuten backen. Etwa 5 Minuten auf dem Blech ruhen lassen, dann auf einem Kuchengitter auskühlen lassen.

TIPP: *Wer mag, kann noch 100 g Schokolade und etwas Kokosfett schmelzen und die Cookies damit dekorieren.*

Tee

CHAI-STREUSELKUCHEN mit Zwetschgen

Zutaten

FÜR EIN TIEFES BACKBLECH (30 x 40 x 5 cm)

FÜR DEN BODEN UND DIE STREUSEL:

- 370 g Butter
- 440 g Mehl
- 280 g Zucker
- 100 g geriebene Mandeln
- 1 EL Zimt
- 40 g weiße gehackte Schokolade

FÜR DIE QUARKCREME:

- 2 Teebeutel Chai-Tee
- 100 ml kochendes Wasser
- 5 Eier
- 150 g Zucker
- 1 Prise Salz
- 750 g Magerquark
- 250 g Mascarpone
- 1 Pkg. Vanillepuddingpulver
- ca. 750 g Zwetschgen

1. Für den Boden und die Streusel die Butter bei milder Hitze zerlassen. Mehl, Zucker, Mandeln, Zimt und Butter in eine Schüssel geben und mit dem Kochlöffel gut verrühren. Die gehackte Schokolade unterrühren.

2. Zwei Drittel des Teigs in ein ausgefettetes, tiefes Backblech drücken. Den Boden ca. 5–10 Minuten bei 180 °C Umluft vorbacken.

3. Den Chai-Tee mit kochendem Wasser übergießen und ca. 5 Minuten ziehen lassen, danach die Teebeutel ausdrücken und entfernen.

4. Für die Quarkcreme Eier, Zucker und Salz ca. 10 Minuten cremig aufschlagen. Quark, Mascarpone und Puddingpulver gut unterrühren. Zuletzt den Chai-Tee in die Creme geben und kurz verrühren.

5. Die Quarkmasse auf den vorgebackenen Boden streichen, die Zwetschgen entkernen, halbieren und gleichmäßig darauf verteilen. Zuletzt den restlichen Teig als Streusel auf der Quarkcreme verteilen. Bei 180 °C auf der mittleren Schiene des Backofens 50–55 Minuten backen.

TIPP: *Es ist gerade keine Zwetschgen-Saison? Eingemachte Zwetschgen oder anderes Obst wie Heidelbeeren oder Kirschen passen ebenfalls hervorragend zu diesem Kuchen.*

GEDECKTE CHAI-APFEL-TARTE
mit Haselnüssen

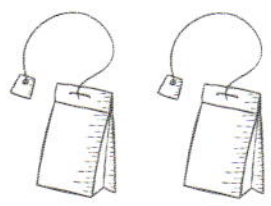

Zutaten

FÜR EINE Ø 26 cm TARTEFORM

FÜR DEN MÜRBETEIG:
- 250 g Mehl
- 1 Pkg. Backpulver
- 150 g Butter
- 150 g Puderzucker
- 100 g geröstete Haselnüsse
- 1 Ei
- ½ TL Zimt
- 1 Eigelb zum Bestreichen

FÜR DIE APFELFÜLLUNG:
- 500 g Äpfel
- 100 ml Wasser
- 3 Teebeutel Chai-Tee
- 70 g Zucker

1. Für die Füllung die Äpfel schälen, vierteln und in dünne Scheiben schneiden. In einer Pfanne Wasser zum Kochen bringen und den Chai-Tee darin ca. 6 Minuten ziehen lassen. Teebeutel entfernen. Die Äpfel und den Zucker dazugeben und bei mittlerer Hitze 10–15 Minuten dünsten. Der Zucker soll zergangen, die Äpfel jedoch noch nicht zerfallen sein. Die Äpfel in ein großes Sieb geben und die Flüssigkeit abtropfen lassen.

2. Das gesiebte, mit dem Backpulver vermischte Mehl gemeinsam mit Butter, Zucker, Nüssen, Ei und Zimt zu einem Mürbteig kneten.

   Den fertigen Teig eine halbe Stunde im Kühlschrank ruhen lassen. Zwei Drittel des Teigs ausrollen und in die Tarteform geben. Die Chai-Äpfel auf dem Teigboden gleichmäßig verteilen.

3. Die zweite Teigportion ebenfalls dünn ausrollen und als Decke über die Äpfel ausbreiten. Rundum gut mit dem Teig vom Rand zusammendrücken. Mehrmals mit einer Gabel einstechen und mit einem verquirlten Eigelb bestreichen.

4. Bei 190 °C Ober-/Unterhitze etwa 20 Minuten goldbraun backen.

Backen mit TEE-KOMBINATIONEN

In diesem Kapitel werden die eben vorgestellten Teesorten miteinander kombiniert. Earl Grey im Kuchenteig gemeinsam mit einer Früchtetee-Glasur oder Matcha-Küchlein mit Kräutertee getränkt. Eine zweite Teesorte kann in Creme, Topping, Frosting oder Glasur verwendet werden. Es verleiht dem Gebackenen mehr Aroma und bringt Abwechslung. Den Geschmackskombinationen sind dabei keine Grenzen gesetzt. Früchtetee mit Schwarztee harmonisiert genauso gut wie Chai-Tee oder Kräutertee.

Tee

EARL-GREY-NUSSECKEN
mit Waldbeerentee-Glasur

Zutaten

FÜR EIN BACKBLECH (30 x 40 cm)

FÜR DEN TEIG:
- 6 Eier
- 200 g Butter
- 130 g Zucker
- 1 Pkg. Vanillezucker
- 200 g Zartbitterschokolade
- 160 g Mehl
- 140 g geriebene Haselnüsse
- 1 Teebeutel Earl Grey

FÜR DIE GLASUR:
- 2 Teebeutel Waldbeerentee
- 70 ml kochendes Wasser
- 300 g Puderzucker
- 1 EL Rum

1. Eier trennen und das Eiweiß steif schlagen.
2. Die Butter mit dem Zucker und dem Vanillezucker schaumig schlagen. Danach das Eigelb unterrühren.
3. Die Schokolade schmelzen, etwas abkühlen lassen und gemeinsam mit dem Eischnee unter die Buttermasse heben. Mehl, Nüsse und den Inhalt eines Earl-Grey-Teebeutels rasch unterheben.
4. Den Teig auf ein Backblech streichen und bei 180 °C Umluft ca. 25 Minuten backen.
5. Für die Glasur den Waldbeerentee mit kochendem Wasser übergießen und ca. 8 Minuten ziehen lassen. Den Puderzucker mit 2 – 3 EL Waldbeeren-Tee und Rum anrühren und den abgekühlten Kuchen damit bestreichen. Nach dem Trocknen der Glasur den Kuchen in Dreiecke schneiden.

EARL-GREY-BLUTORANGEN-TORTE
mit Schokoladenganache

Zutaten

FÜR EINE Ø 26 cm SPRINGFORM

FÜR DEN TEIG:
- 3 Teebeutel Earl Grey
- 125 ml nicht mehr kochendes Wasser
- 6 Eier
- 300 g Zucker
- 125 ml Öl
- 300 g Mehl
- ½ Pkg. Backpulver

FÜR DEN TEEÜBERGUSS:
- 120 ml kochendes Wasser
- 3 Teebeutel Blutorangentee

FÜR DIE SCHOKOLADEN-GANACHE:
- 200 g Zartbitterschokolade
- 300 g Sahne

FÜR DIE DEKORATION:
- 1 Orange

1. Für die Ganache die Schokolade in Stücke brechen, Sahne in einem Topf aufkochen lassen und anschließend den Topf vom Herd nehmen. Schokolade hineingeben und gründlich verrühren, bis sich alle Stücke aufgelöst haben. Die Ganache anschließend in eine kleine Rührschüssel umfüllen und abgedeckt über Nacht im Kühlschrank abkühlen lassen.

2. Für den Teig den Earl Grey mit dem nicht mehr kochenden Wasser übergießen und 5 Minuten ziehen, dann abkühlen lassen.

3. Eier aufschlagen und mit dem Zucker ca. 10 Minuten cremig aufschlagen. Sobald die Masse cremig ist, das Öl einfließen lassen. Danach den vorher zubereiteten Earl Grey untermischen und zum Schluss das Mehl und das Backpulver vorsichtig unterheben.

4. Den Teig in eine mit Butter ausgefettete und mit Mehl bestäubte Backform füllen und bei 180 °C Ober-/Unterhitze ca. 50 Minuten backen.

5. Die Schokoladen-Ganache mit einem Handrührgerät oder der Küchenmaschine aufschlagen bis die Creme steif ist. Den Blutorangentee zubereiten.

6. Den Tortenboden zweimal waagerecht durchschneiden. Den ersten Boden auf eine Tortenplatte legen und mit etwa 7 Esslöffel Blutorangen-Tee beträufeln. Mit einer Winkelpalette 3 Esslöffel Schokoladen-Ganache darauf verteilen. Den zweiten Boden auflegen und ebenfalls mit 7 Esslöffel Tee beträufeln sowie mit Creme bestreichen. Den letzten Boden darauflegen und die Torte komplett mit der restlichen Creme ummanteln.

7. Die Torte für mindestens 30 Minuten kühlen. Orange in Scheiben schneiden und die Torte damit dekorieren.

TIPP: *Alternativ kann man die Schokoladen-Ganache auch einige Stunden vor dem Einstreichen der Torte vorbereiten. Die Schoko-Sahne-Mischung muss nur Kühlschranktemperatur annehmen.*

Tee

KRÄUTERTEE-TORTE mit Cranberry-Pudding-Creme

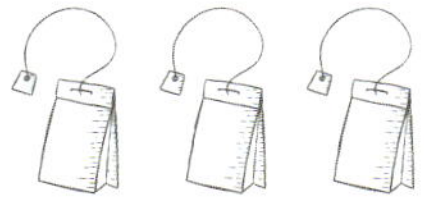

Zutaten

FÜR EINE Ø 26 cm SPRINGFORM

FÜR DEN TEIG:
- 4 Teebeutel Kräutertee (6-Kräuter Mischung oder Ähnliches)
- 200 ml kochendes Wasser
- 320 g Mehl
- 1 Pkg. Backpulver
- 4 EL Kakao
- 4 Eier
- 300 g Zucker
- 1 Prise Salz
- 150 ml Öl

FÜR DIE CRANBERRY-PUDDING-CREME:
- 1 Pkg. Vanillepuddingpulver
- 250 ml Milch
- 80 g Zucker
- 200 g Sahne
- 90 g getrocknete Cranberrys
- 160 g Mascarpone
- ⅓ Teebeutel Cranberry-Tee

FÜR DIE SCHOKOLADENGLASUR:
- 200 g Schokolade
- 1 EL Honig
- 150 g Sahne
- frische Cranberrys

1. Für den Teig den Kräutertee mit kochendem Wasser überbrühen und ca. 7 Minuten ziehen lassen, danach die Teebeutel ausdrücken und entfernen.

2. Mehl, Backpulver und Kakao sieben. Eier aufschlagen und mit Zucker und Salz ca. 10 Minuten cremig aufschlagen. Das Öl in einem dünnen Strahl in den Teig laufen lassen. Danach den vorher zubereiteten Kräutertee dazugeben und zum Schluss das Mehl, Backpulver und den Kakao vorsichtig unterheben.

3. Die Teigmasse in eine ausgefettete und mit Mehl bestäubte Springform füllen und im vorgeheizten Backofen bei 150 °C Umluft ca. 45 Minuten backen. Anschließend den Kuchen in der Form ca. 8 Minuten abkühlen lassen und dann stürzen.

4. Währenddessen den Vanillepudding mit Milch und Zucker zubereiten, danach gut auskühlen lassen und immer wieder umrühren. Die Sahne steif schlagen und vorsichtig unter den Pudding heben. Die getrockneten Cranberrys zerkleinern und gemeinsam mit dem Mascarpone unter die Creme rühren. Cranberry-Teebeutel aufschneiden und ca. ein Drittel in die Puddingmasse geben. Abschmecken und bei Bedarf nachsüßen.

5. Den Boden waagerecht in der Mitte auseinanderschneiden und einen der Böden mit der Creme bestreichen. Den zweiten Boden daraufsetzen.

6. Für die Glasur die Schokolade gemeinsam mit Honig und Sahne in einem Topf bei mittlerer Hitze und unter ständigem Rühren zum Schmelzen bringen. Auf die Torte geben und vorsichtig verstreichen. Mit frischen Cranberrys dekorieren.

KOKOS-MATCHA-MUFFINS

mit Zitronen-Ingwer-Glasur

Zutaten

FÜR CA. 10 MUFFINS

FÜR DEN TEIG:

- 180 g geschmolzene Butter
- 200 g brauner Zucker
- 3 Eier
- 280 g Mehl
- 1 Pkg. Backpulver
- 1 Prise Salz
- 240 ml Kokosmilch
- 30 g Kokosraspel
- 2 EL Matcha-Pulver

FÜR DIE GLASUR:

- 3 Teebeutel Zitronen-Ingwer-Tee
- 100 ml kochendes Wasser
- 125 g Puderzucker

FÜR DIE DEKORATION:

- Kokosflocken
- Zitronenzesten
- Pistazien

1. Den Ofen auf 170 °C Ober-/Unterhitze vorheizen. Eine Muffinform ausfetten und mit etwas Mehl oder Rohrzucker ausstreuen.

2. In einer Rührschüssel die Butter und den Zucker mit dem Handrührgerät etwa 3 Minuten schaumig rühren. Die Eier nacheinander sorgfältig unterrühren. Abwechselnd das Mehl mit Backpulver und Salz und die Kokosmilch untermengen.

3. Die Teigmasse halbieren. Unter die eine Hälfte des Teigs die Kokosraspeln heben, unter die andere Hälfte das Matcha-Pulver rühren. Die Teighälften nun abwechselnd in die kleinen Muffinformen oder Gläser geben, immer etwa 2 EL pro Teigvariante. Alternativ können Sie die Teigvarianten nacheinander in die Formen geben und mit einer Gabel marmorieren.

4. Kokos-Matcha-Muffins je nach Größe der Formen zwischen 15 und 35 Minuten backen. Aus dem Ofen nehmen und etwas abkühlen lassen.

5. Inzwischen den Zitronen-Ingwer-Tee mit kochendem Wasser überbrühen und ca. 8 Minuten ziehen lassen. Teebeutel ausdrücken und entfernen. Je einen Esslöffel Tee über jeden Muffin gießen. Danach aus Puderzucker und 3 Esslöffel Tee einen zähflüssigen Guss anrühren. Diesen über die ausgekühlten Muffins geben und verstreichen.

6. Die Muffins mit Kokosflocken, Zitronenzesten oder gehackten Pistazien verzieren und trocknen lassen. Die Muffins schmecken auch nach drei Tagen noch sehr saftig.

TIPP: *Die Masse kann auch in einer Kastenform gebacken werden. Die Backzeit beträgt dann ca. 50 Minuten.*

EARL-GREY-TIRAMISU-SCHNITTEN
mit Chai-Löffelbiskuit

Zutaten

FÜR EIN BACKBLECH (30 x 40 cm)

FÜR DEN TEIG:
- 3 Earl Grey Teebeutel
- 125 ml nicht mehr kochendes Wasser
- 3 Eier
- 250 g Zucker
- 1 Pkg. Vanillezucker
- 125 ml Öl
- 250 g Mehl
- 1 Pkg. Backpulver

FÜR DIE CHAI-BISKOTTEN:
- 5 Teebeutel Chai-Tee
- 400 ml kochendes Wasser
- 2 EL Rum
- 1 Packung Löffelbiskuit (180 g)

FÜR DIE CREME:
- 500 g Mascarpone
- 100 g Puderzucker
- 200 g Vanillejoghurt
- 100 g Sahne

FÜR DIE DEKORATION:
- Kakao und etwas Zimt

1. Für den Teig den Earl Grey mit nicht mehr kochendem Wasser übergießen. Ca. 4 Minuten ziehen lassen, danach die Teebeutel ausdrücken und entfernen.

2. Die Eier mit Zucker und Vanillezucker schaumig schlagen. Öl und Earl Grey einrühren. Das Mehl mit dem Backpulver mischen und unterrühren. Den Teig auf ein Blech streichen und bei 180 °C Umluft 20–25 Minuten backen.

3. Für die Creme den Mascarpone glattrühren, Puderzucker und Vanille-Joghurt einrühren. Schlagsahne steif schlagen und unterheben.

4. Für die Biskotten in einem flachen Gefäß Chai-Tee mit kochendem Wasser übergießen. Tee 5 Minuten ziehen lassen. 2 Esslöffel Rum dazugeben. Den Boden mit ca. 4–5 Esslöffel Creme bestreichen. Die Löffelbiskuits in das Chai-Rum-Gemisch tauchen und auf die Creme legen. Mit der restlichen Creme bestreichen.

5. Kalt stellen und erst kurz vor dem Servieren mit Kakao und Zimtpulver bestreuen.

TIPP: *Diese Tiramisu-Schnitten schmecken hervorragend zur Herbst- bzw. Weihnachtszeit.*

DIE RICHTIGE ZIEHZEIT FÜR DIE EINZELNEN TEESORTEN

1. Earl Grey

Earl Grey sollte zwischen 3 und 5 Minuten ziehen. Bei Ziehzeiten von mehr als 5 Minuten wird Schwarzer Tee meistens bitter.

2. Matcha

Zur Zubereitung von Grünem Tee sollte das Wasser nach dem Aufkochen ca. 3 Minuten abkühlen, damit der Tee nicht ‚verbrennt' und um die zarten, blumigen Nuancen des Tees in vollem Umfang genießen zu können. Die Ziehzeit sollte nicht mehr als 3 bis 4 Minuten betragen.

3. Kräutertee

Am besten schmeckt Kräutertee, wenn Sie für eine Tasse mindestens einen Teebeutel und für eine Kanne, abhängig von der Größe, mindestens drei Beutel verwenden. Lassen Sie den Tee dann je nach Sorte 5 bis 8 Minuten ziehen.

4. Früchtetee

Früchtetee sollten Sie immer mit sprudelnd kochendem Wasser aufbrühen und dann 6 bis 8 Minuten ziehen lassen.

5. Chai-Tee

Den Teebeutel mit frischem, sprudelnd kochendem Wasser aufgießen. Das Wasser 3 bis 5 Minuten lang ziehen lassen.

1.
2.
3.
4.
5.

Buchempfehlungen für Sie

TOPP 8018

ISBN 978-3-7724-8018-8

TOPP 8034

ISBN 978-3-7724-8034-8

TOPP 8036

ISBN 978-3-7724-8036-2

TOPP 8029

ISBN 978-3-7724-8029-4

TOPP 8032

ISBN 978-3-7724-8032-4

TOPP 8033

ISBN 978-3-7724-8033-1

TOPP 8023

ISBN 978-3-7724-8023-2

TOPP 8012

ISBN 978-3-7724-8012-6

TOPP 8027

ISBN 978-3-7724-8027-0

TOPP 8015

ISBN 978-3-7724-8015-7

TOPP 8022

ISBN 978-3-7724-8022-5

TOPP 8004

ISBN 978-3-7724-8004-1

Kreativ-Bücher finden Sie auf www.TOPP-kreativ.de

Die Autorin

Barbara Katzenberger wurde 1984 geboren, lebt in Oberösterreich und hat Publizistik an der Universität Salzburg und in Wien studiert. Ihre größten Leidenschaften sind Reisen und Backen. Seit 2015 präsentiert sie auf ihrem Blog leckere Kuchen und Desserts.

www.bakingbarbarine.at
www.facebook.com/bakingbarbarine
www.instagram.com/bakingbarbarine

Danksagung

Das erste Dankeschön gebührt meinem Mann und meiner Schwester. Ohne Euch hätte ich dieses Backbuch nicht geschrieben und diese wundervollen, neuen Rezepte nicht entdeckt. Danke für eure Unterstützung und euer unersättliches Verlangen nach Kuchen.

Wer schon einmal bei meinem Blog vorbeigeschaut hat, der kennt meine große Backbuchliebe. Ein riesengroßes Dankeschön daher an alle, die mich darin bestärkt haben, mir meinen Traum vom eigenen Backbuch zu erfüllen. Ebenfalls geht Dank an meine Familie, die für die Inspiration seit Kindheitstagen verantwortlich ist und insbesondere an meine Mama, in deren Backbuchsammlung ich schon in meiner Kindheit stundenlang geschmökert habe. Danke, dass Ihr immer wieder meine süßen Kreationen mit Freude verkostet und mir konstruktives Feedback gebt. Danke an meine Freunde, dass Ihr ohne Widerrede immer wieder Abnehmer seid!

Vielen Dank auch an meine Nachbarn, dass Ihr das Geräusch von Küchenmaschine und Mixer so geduldig ertragen habt.

Ich möchte mich auch bei Mirjam vom Produktmanagement für ihre Unterstützung und Geduld bedanken. Dieses Backbuch hat mich so geprägt, dass ich mittlerweile über die meisten meiner Kuchen zumindest ein paar Löffel Tee gebe, damit er aromatischer und saftiger wird.

Und zu guter Letzt: Großes DANKE an alle, die meine Rezepte ausprobieren.

Ich bedanke mich recht herzlich bei KENWOOD (*www.kenwoodworld.com*), OTG (*www.otg.de*) und Stielreich (*www.stielreich.at*) für die freundliche Unterstützung.

Impressum

REZEPTE & TEXT: Barbara Katzenberger

FOTOS: Barbara Katzenberger, Stefanie Spiesberger
Seite 4/5 (Teebeutel): fotolia, Fotofermer; Seite 4 (Teetasse): fotolia, antpkr; Seite 5 (Matcha-Pulver): fotolia, photocrew

ILLUSTRATIONEN: Josy Jones Graphic Design & Illustration

PRODUKTMANAGEMENT: Mirjam Buchwald

LEKTORAT: Franziska Hannig, Juliane Voorgang

HERSTELLUNG: Katrin Röhlig

UMSCHLAGGESTALTUNG: Katrin Röhlig

INNENGESTALTUNG UND SATZ:
Claudia Adam Graphik Design, Darmstadt

DRUCK UND BINDUNG: Livonia Print SIA, Lettland

1. Auflage 2017

ISBN 978-3-7724-8035-5 • Best.-Nr. 8035